George Lafenestre

La Sculpture aux Salons de 1896

Critique

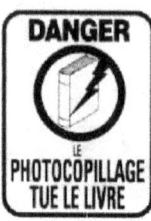
ISBN : 978-1981202324

10 9 8 7 6 5 4 3 2 1

George Lafenestre

La Sculpture aux Salons de 1896

Critique

Table de Matières

La Sculpture aux Salons de 1896

Les Béotiens, qui n'étaient pas des sots, à moins qu'Hésiode et Pindare ne méritent ce titre, étaient, au dire des Anciens, les plus beaux des hommes. Ils se glorifiaient de cette beauté et tenaient à ce que leurs peintres et sculpteurs en conservassent le respect. Tandis que Phryné, de Thespies, éblouissant les Athéniens, montrait à son ami Praxitèle comment était faite l'immortelle Aphrodite, et qu'autour du tombeau de Corinne, la nécropole de Tanagra se peuplait des élégantes images de ses compatriotes, le gouvernement thébain prenait, vis-à-vis des récalcitrants, réalistes ou décadents, des mesures répressives. Une loi frappait d'une amende les artistes qui enlaidissaient, en la reproduisant, la figure humaine. Il est heureux, pour nos sculpteurs, que nos gouvernements, trop occupés sans doute par des questions d'un autre ordre, n'aient point songé encore à faire annexer une disposition de ce genre aux lois protectrices et excitatrices de la repopulation. L'Exposition de 1900, qui ouvrira, dit-on, pour l'architecture, une ère nouvelle de constructions inattendues, éblouissantes et colossales, aurait été l'occasion naturelle de construire une résidence spéciale pour les condamnés de cette catégorie, et l'on y eût réservé une cellule d'honneur, avec tout le confortable nécessaire, au grand artiste qui aurait eu la gloire, si appréciée en notre pays, de violer le premier une loi nouvelle.

M. Falguière, en dressant, sur le seuil de l'exposition, comme un symbole et comme un programme, sa statue, souple, riante et vive, mais déhanchée et déformée, de jeune *Danseuse*, n'a violé aucune loi écrite, mais il a violé l'éternelle loi qui vit dans l'imagination des artistes. Une curiosité malsaine et des étonnements grossiers ont accueilli tout de suite cette étude hardie et provocante, dans laquelle la soumission volontaire à toutes les bizarreries de la réalité est si fortement marquée qu'on a voulu y voir un simple moulage. M. Falguière, l'un des plus étonnants sculpteurs de sa génération, est fort au-dessus d'une pareille imputation, et l'on n'a qu'à jeter un coup d'œil sur son plâtre pour y sentir, à chaque instant, le coup de pouce, hardi et décisif, du maître, enivré cette fois par les imperfections mêmes et les disproportions des formes féminines, comme il l'avait été, naguère, par leur équilibre, leur splendeur ou leur grâce. Ce sont là de ces étourdissements, il faut bien le dire, auxquels sont sujets, par instants, ceux qui vivent, de profession et d'habitude, dans la contemplation admirative de la nature ; il n'est aucun phénomène qui ne finisse par les intéresser, et qui ne puisse, en effet, devenir l'occasion d'une œuvre d'art. D'ailleurs, comme il y a temps pour prier et pour pleurer, il y a temps aussi pour rire. C'est même chez Léonard et chez Rembrandt, les plus sérieux et les plus élevés des artistes, qu'on trouve les types les plus grotesques et les réalités les plus répugnantes, parce que ces génies profonds sont les plus complets et les plus humains ; toutefois ces fantaisies dessinées ou gravées ne sortent guère de leurs cartons. Il ne leur vient point à l'idée de donner à ces caprices d'observation ironique ou libertine la valeur d'une conception idéale, ni d'en faire l'objet d'un travail long et attentif, en de grandes dimensions, dans une matière noble, ni surtout d'accentuer la dégradation de l'être humain, déformé et estropié par les infirmités, l'âge, les habitudes ou les modes, en supprimant tous les détails (costumes ou accessoires) qui expliquent ces déformations et donnent ainsi à la figure vraiment réelle son caractère vivant et sa signification.

Si la *Danseuse* de M. Falguière, restant danseuse, avait conservé sa jupe courte, son corsage, son maillot, certaines parties de son corps, des parties visibles, n'en resteraient pas moins atrophiées ou hypertrophiées, la taille trop mince, les cuisses trop fortes, les bras trop maigres, mais on en serait bien moins choqué, parce qu'on en connaîtrait immédiatement la cause en même temps qu'on saisirait la raison de ses contorsions. Toutes ces altérations des proportions naturelles sont fatales en effet chez les danseuses, comme des altérations d'autre sorte chez tous les êtres humains, par suite de la répétition habituelle du même mouvement, dans l'exercice d'un métier ou dans l'exercice d'un plaisir. L'abus du cyclisme ne tardera pas à produire, chez ses adeptes passionnés, certaines déformations faciles à prévoir. On peut s'attendre à voir des sculpteurs s'emparer, avec enthousiasme, de ce nouveau genre d'estropiés, et nous les représenter dans leur attitude élégante, brisés en deux morceaux, train d'avant immobile et tendu, train d'arrière fébrile et agité, le cou hors du tronc, la tête hors du cou. Ce sera déjà assez disgracieux si les coureurs gardent leur costume et leur monture, ce serait bien pis encore, si, dépouillant toute parure et quittant leur cheval de fer, ils s'exhibent, en leur nudité disloquée et angulaire, comme les athlètes héroïques d'Olympie ! Mais à Olympie, quand les athlètes combattaient, à Sparte, quand les jeunes filles luttaient, ils étaient nus ; le sculpteur qui les représentait, n'exprimait donc qu'une vérité. Nudités au repos, nudités en action, c'étaient toujours des nudités vivantes, et certaines déformations, moins violentes mais très visibles que les artistes antiques, toujours respectueux de la vérité, se gardaient bien d'omettre, s'y expliquaient naturellement par l'altitude ou les mouvements. Une *Danseuse* d'Opéra, déformée par les exercices d'Opéra, se livrant à une gesticulation d'Opéra, ne reste une figure contemporaine et vivante, d'une allure intelligible et d'une étrangeté justifiée qu'en gardant son costume d'Opéra. La vouloir élever, par la nudité complète, à la dignité d'une déesse, c'est lui rendre un triste hommage ; car toutes ces imperfections déplorables qui peuvent se tourner, par les flatteries de l'habillage et la grâce du geste, en attraits d'une provocation sensuelle mais aimable, ne deviennent plus, dans cette nudité idéale, que les contorsions déplaisantes et inexpliquées d'un jeune corps prématurément meurtri, une sorte d'acte d'accusation, net et brutal, contre les pratiques odieuses de la civilisation et de la mode vis-à-vis de l'éternelle nature, mère infatigable d'êtres sains et beaux.

S'il était nécessaire de démontrer que la beauté ou, tout au moins, la vérité harmonique des formes, est nécessaire à la grande statuaire et que les yeux ne sauraient éprouver une jouissance durable et profonde devant le spectacle d'une imperfection plastique qui n'est point justifiée par une nécessité d'exactitude historique ou d'expression morale, la *Danseuse* de M. Falguière nous apporterait cette démonstration. Etait-ce bien d'un tel artiste qu'on devait l'attendre, et l'auteur du *Tarcinus*, du *Corneille*, du *Saint Vincent de Paul*, du *La Fayette*, avait-il besoin de nous offrir cette nouvelle preuve d'une virtuosité trop complaisante ? Il nous a lui-même fourni trop d'exemples, plus heureux et plus significatifs, du goût avec lequel il sait traduire, en langage sculptural, toutes les réalités sans ces déplaisantes insistances, pour que nous ne regardions pas, dans sa magnifique carrière, cet étrange chef-d'œuvre comme une aventure sans lendemain. Malheureusement, le désappointement éprouvé par le public devant l'œuvre inattendue de son sculpteur favori a rejailli sur le Salon tout entier, et comme M. Falguière avait paru faiblir cette année, on s'est empressé de déclarer, sans regarder alentour, que tous les sculpteurs s'étaient affaiblis et que cette section, d'ordinaire ; si intéressante, présentait tout à coup le spectacle d'une décadence affreuse.

Gardons-nous, s'il est possible, des exagérations à la mode, soit dans l'engouement, soit dans le mépris. Si le jardin du palais des Champs-Elysées ne nous offre pas, en effet, quelqu'un de ces chefs-d'œuvre éclatants et populaires comme il en a parfois abrité, on y trouve, néanmoins, une réunion nombreuse d'ouvrages distingués et habiles, parfois même excellents, qui font honneur à l'école et qui affirment sa vitalité technique et intellectuelle. Le seul mal dont souffre toute cette légion de vaillants ouvriers, le seul mal qui l'inquiète et qui la trouble, en la condamnant à ses besognes ingrates et hasardeuses, c'est toujours celui que nous avons déjà signalé : l'indifférence de ceux qui pourraient les employer, des constructeurs, des architectes, des corporations, des pouvoirs publics ; c'est la disproportion entre leur nombre, toujours croissant, de producteurs et le nombre, trop lentement accru, des amateurs. Si l'exposition actuelle est encombrée d'allégories prétentieuses, de mythologies insipides, de nudités navrantes, c'est le plus souvent que leurs auteurs, n'ayant rien à faire, se sont battu les lianes pour faire ce qu'on appelle le *morceau de Salon*, le morceau sans destination et sans utilité, n'ayant d'autre but que la récompense, et visant trop souvent à l'attention publique par l'étrangeté du sujet ou la singularité de l'exécution. Presque toutes les grandes sculptures, exécutées dans de meilleures conditions, pour les monuments publics ou édifices privés, s'y présentent, au contraire, dans des conditions normales d'exécution sérieuse et consciencieuse, et, d'autre part, la sculpture, grande ou petite, appliquée aux arts de la curiosité, du décor et du mobilier (médailles, statuettes, orfèvrerie, figures d'applique, bois, ivoires, grès, émaux, etc.) y prend aux Champs-Elysées comme au Champ-de-Mars, sous ses formes les plus variées, un développement rapide qui permet d'espérer, de ce côté, l'application heureuse et glorieuse de tant de forces disponibles et longtemps inutilisées.

Le *Saint Michel*, colossal, qui doit surmonter la flèche de l'abbaye du Mont-Saint-Michel, a reçu, des mains savantes et émues de

M. Frémiet, le caractère épique et triomphant qui sied en pareille hauteur, à cet envoyé céleste. Svelte, bien découplé, vivement campé sous l'armure solide et souple qui l'enveloppe de pied on cap, avec son auréole de rayons et ses grandes ailes largement déployées, il descend d'en haut, l'épée levée dans la main droite, et, de l'autre, tenant, la pointe en bas, sa petite rondache, la rondache presque imperceptible d'un fantassin de l'armée surnaturelle, symbole foudroyant plutôt qu'arme de défense. En s'abattant sur l'épi faîtier de la haute toiture, il n'a qu'à fixer les yeux, en le menaçant du geste, sur le démon enroulé à ses pieds autour du chapiteau pour que le monstre se sente vaincu. Le mouvement est décidé, hardiment calme, divinement victorieux, et les silhouettes, claires et expressives, se découpent de tous côtés avec une vivacité grave. On peut déjà s'imaginer l'effet que produira cette noble et fière figure, fondue en un métal ferme et brillant, lorsqu'elle sera fixée, sur une fine pointe, au-dessus de la mer, à la fois immobile et vivante, et se détachant toujours, étincelante ou sombre, dans la pourpre des aurores ou la noirceur des nuées ; les marins, en la reconnaissant de loin, se signeront avec confiance ; le patron de la sainte forteresse leur semblera aussi sacré et aussi stable qu'elle-même.

C'est une bonne fortune d'avoir à représenter, dans un monument, une figure à la fois traditionnelle et idéale, qui assure en même temps, à l'imagination, le conseil des représentations antérieures et lui laisse la liberté d'y ajouter une interprétation nouvelle. En général les sculpteurs sont plutôt chargés de rappeler un fait historique et de représenter une figure réelle ; dans ce cas, ils sont soumis à des obligations très précises qui limitent ou qui devraient limiter leurs fantaisies. Quel est le devoir, par exemple, le devoir strict, d'un monument commémoratif, groupe ou statue ? Celui de commémorer, clairement et uniquement, aux yeux et à l'esprit, l'événement ou l'homme en l'honneur duquel on l'élève. On doit constater que ce devoir est fort négligé lorsque, pour célébrer des faits ou des individus contemporains, un artiste, par exemple, n'emploie que des vieilleries mythologiques ou le style d'un autre temps. Le Victor Hugo, tout nu, par M. Déloye, ne me représente pas, d'une façon plus idéale et plus vénérable, le grand *Poète exilé* que le célèbre squelette de Voltaire par Pigalle ne fait le malin philosophe ; la convention classique, dans ce cas, aboutit au ridicule. Dans l'art iconographique surtout, la beauté ne saurait être que la splendeur du vrai, et c'est fuir la beauté que d'y trahir la vérité. Nos pères du moyen âge, guidés par leur simplicité, ne commettaient pas de pareilles erreurs. C'est dans le fait même et dans l'homme même qu'il faut trouver les éléments d'expression.

Avec ces idées, nous avons quelque peine à comprendre comment les deux Allégories, traitées avec beaucoup de science et de talent par M. Cordonnier, dans un style élégant mais scolaire, — la *Musique* (un jeune Apollon violoniste), et la *Chanson* (une Muse ailée, portant la lyre), — représenteront particulièrement pour le *Monument de Gustave Nadaud* les qualités françaises et modernes de sa poésie bourgeoise et de sa verve honnête. Un peu plus de modernisme dans les ajustements et dans les allures, autant que dans les physionomies, serait-il pas alors de mise et de saison ? C'est déjà bien assez, nous nous en sommes déjà plaints, que trois fois sur quatre, pour illustrer nos grands hommes, les imaginations associées du peintre et du sculpteur ne trouvent d'autre combinaison plus nouvelle qu'une figure de femme debout ou assise sous un buste. Encore faudrait-il que cette allégorie, soi-disant explicative ou expressive, ne fût pas une éternelle répétition de quelque nymphe antique ou de pleurantes justement célèbres, de Chapu et de Mercié, mais déjà banalisées par d'innombrables imitations. Sur le monument de *Charles Grad* pour la ville de Turckheim, par M. Enderlin, une Alsacienne nettement caractérisée, au lieu et place de la Muse indéterminée qui écrit ses titres sur le livre de gloire, n'eût-elle pas mieux indiqué le savant et le patriote ? Il ne s'agit pas de l'exécution, car la figure juvénile de M. Enderlin est charmante, d'une heureuse attitude et d'une expression délicate et naïve fort bien appropriée ; toutefois on peut s'imaginer une figure plus spéciale et plus typique avec ces mêmes qualités. M. Mercié a montré, depuis longtemps, par le groupe de *Quand même*, que la grandeur de l'expression et la puissance du style ne sont pas incompatibles avec l'exactitude, même la plus scrupuleuse, du type et du costume, de tout ce qui constitue, en un mot, cette *couleur locale*, si difficile à retrouver à distance, si facile à fixer par les contemporains, et qui devient dans l'avenir, pour les œuvres de ce genre, la marque même de leur sincérité.

Cette année encore, M. Mercié, ayant à modeler un groupe pour un *Monument commémoratif de la défense de Châteaudun*, s'est trouvé aux prises avec les mêmes difficultés ; nous ne saurions dire qu'il les ait résolues avec le même bonheur, mais il les a du moins abordées sans ambages. Le groupe se compose de trois figures : une jeune femme à genoux, la robe en lambeaux, désespérée, échevelée, tournant le dos à un soldat mort étendu derrière elle, en travers. Par-dessus le cadavre, protégeant la jeune femme, qui s'affaisse entre ses jambes, un garde national, d'âge mûr, épaule son fusil à piston et vise devant eux. La femme, épeurée et troublée, tire, de côté, un coup de pistolet inutile. C'est, comme le dit le cartel, *pour l'honneur*. De face, à cause de l'ombre portée sur la femme et du long fusil qui cache le visage du tireur, l'ensemble se tasse et s'embrouille ; de côté, il se silhouette admirablement et l'exécution, comme d'habitude, est libre, puissante, virilement émue.

On peut, en pensant à M. Mercié, regarder avec plaisir un petit groupe en marbre où l'on retrouve son influence sculpturale et patriotique. L'*Ad Patriam*, de M. Charles Jacquot, n'a aucune prétention au style monumental. Une toute jeune fille, en costume de paysanne alsacienne, portant sur ses épaules un petit garçon tout nu, franchit une borne sur laquelle est gravé le mot : *France*. L'action et sa signification sont faciles à saisir. Ce sont de ces idées heureuses qui, bien ou mal traduites, ont toujours du succès, parce qu'elles se prêtent à des attendrissements légitimes et à des développements littéraires. M. Jacquot a fort bien traduit la sienne. L'allure de la grande sœur enlevant son petit frère est ferme et naïve, sans affectation ; les vêtements et les nus sont également bien traités ; l'ensemble forme une œuvre agréable à regarder et qui sera rapidement populaire.

Nous reprochions, l'an dernier, à M. Theunissen, de n'avoir pas donné, selon nous, au groupe principal du *Monument commémoratif de la Défense de Saint-Quentin en 1557*, groupe mixte de figures allégoriques et réelles, un caractère historique et local plus franchement déterminé. Dans la série des sculptures complémentaires présentées cette année, et qui doivent flanquer le piédestal sur lequel s'élèvera ce groupe, M. Theunissen a montré, ce semble, plus de décision. Il est vrai qu'il n'avait plus, là, à poursuivre cette combinaison, toujours difficile, de l'image idéale et de l'image réelle. Les divers groupes, habilement reliés entre eux, qui entourent cette base, forment la représentation anecdotique de la défense même. Sur le devant, c'est l'amiral Coligny, cuirassé de pied en cap, qui, montrant du doigt l'horizon, indique de l'autre main les mouvements de l'ennemi, sur une carte déployée par le mayeur de la ville, Varlet de Gibercourt, vêtu d'un riche pourpoint, la salade en tête et brandissant l'épée. A droite, près d'un cadavre, un vieux gentilhomme, agenouillé, ajuste son arquebuse, tandis qu'un jeune plébéien lance une énorme pierre du haut du rempart et qu'un moine encapuchonné se désespère en se cachant les yeux (nous l'eussions préféré priant pour ses compatriotes si son froc l'empêche décidément de prendre part au combat, malgré les tolérances du temps). A gauche, deux artisans poussent, en haletant, une pièce d'artillerie, tandis qu'un porte-bannière se retourne vers la ville en sonnant de la trompe. Derrière, une dame, Catherine Laitier, assise sur le rempart, bande le bras blessé d'un vieux soldat étendu, que soutient un jeune garçon. Tous ces groupes sont bien disposés, forment des silhouettes variées et expressives, se coordonnent heureusement entre eux ; l'artiste a tiré bon parti des types historiques et des costumes pittoresques qu'il a consciencieusement étudiés ; l'ensemble, très supérieur au groupe principal, a de l'animation et de la force ; c'est, en somme, non seulement l'ouvrage le plus important du Salon, mais un ouvrage très estimable et qui fait honneur à M. Theunissen.

Lorsqu'on veut ressusciter des figures du XVIe siècle, soit en marbre, soit en bronze, il est bien naturel, en ce dernier cas surtout, qu'on se souvienne des beaux exemples légués par la Renaissance même, notamment des effigies impériales et royales, si justement célèbres, conservées encore à Inspruck et à l'Escurial.

C'est aux œuvres de ce genre qu'a pensé M. Mac-Monnies, le sculpteur américain, en modelant sa statue en pied de *Shakspeare*, pour la bibliothèque Natlé, de Washington. M. Mac-Monnies s'est inspiré d'un portrait contemporain qui nous montre le poète déjà mûr, un peu épaissi et alourdi par les ans, grassouillet et fort chauve. C'est un homme arrivé, un auteur à son aise, très cossu, richement nippé, ayant perdu, d'ailleurs, le souci juvénile de distinction et d'élégance. Un cahier dans une main, dans l'autre un crayon, il semble, comme plus tard Buffon, avoir révolu ses plus beaux habits pour déployer son plus beau style : hauts-de-chausses à crevés, souliers à bouffettes, manteau de brocart épais et brodé comme une chasuble, haute collerette empesée. Tout cet attirail, d'un grand prix, est ouvré avec luxe et scrupule. La toilette est d'un prince, la tête est d'un bourgeois bienveillant et lin ; l'image est sans doute d'une exactitude scrupuleuse, elle est exécutée avec talent. On y voudrait sentir un peu plus de flamme shakspearienne.

Ce *Shakspeare* de M. Mac Monnies, restitué par une inspiration bien informée et respectueuse, nous offre, tout au plus, un Shakspeare vraisemblable. Que ne donnerions-nous pas pour posséder, mieux encore, pour avoir sous les yeux, un Shakspeare vrai, sculpté par un contemporain, par un naturaliste, par un ami ! Cette bonne fortune, qui a fait défaut au plus grand des poètes anglais, n'aura pas manqué, heureusement, à quelques-uns de nos illustres contemporains, surtout à nos peintres. La mémoire de Meissonier est assurée par les fidèles images de Frémiet et de Mercié ; celle de Paul Baudry l'est désormais par la statue, si exacte et si puissante, de M. Gérome qui va se dresser sur une place de La Roche-sur-Yon. Le peintre de l'Opéra, petit et bien râblé, tête nue, dans son costume d'atelier, veston court et grosse pèlerine, se présente, debout, une main dans la poche, s'appuyant de l'autre légèrement sur son long appuie-main posé sur le sol ; une palette, des brosses, des cartons, jetés, à gauche, sur un tabouret, désignent mieux encore sa profession et son occupation. Il regarde attentivement devant lui, sa toile peut-être, ou plutôt il suit une image rêvée. M. Gérome, avec goût, n'a pas insisté sur le mouvement. La sculpture plus d'une fois a voulu caractériser un peintre en lui donnant l'attitude penchée en arrière, l'œil clignotant de l'ouvrier à son travail qui se recule pour mieux juger son effet ; mais cette attitude, trop accentuée, de recul devant un objet invisible qu'on doit, supposer, cause au spectateur plus de surprise que de satisfaction. A Vérone, où. Paul Véronèse est représenté de la sorte, il a surtout l'air, suivant l'heure, d'être étonné par l'effet de certaines constructions nouvelles ou ébloui par l'éclat du soleil. Le *Paul Baudry*, dans sa tenue familière, a plus de gravité et de dignité. Pour tous ceux qui ont eu l'honneur et le plaisir de fréquenter ce grand artiste, ils retrouveront, dans l'image nette et précise de M.

Gérome, cette rectitude d'allure, presque militaire, cette fermeté douce et lente du geste, cette expression générale de conviction et de modestie, de virilité et d'affabilité qui gagnait à Baudry les esprits et qui lui retenait les cœurs. Le visage était surtout remarquable par le contraste apparent entre la fermeté du masque, énergique et fier, hardiment taillé en pleine chair plébéienne et vendéenne, et l'extraordinaire variété de ses jeux physionomiques, avec des éclats hardis et des rentrées discrètes d'un regard tendre et profond, plein de rêves grandioses, de curiosités savantes, d'extases presque enfantines, de caresses presque féminines. Dans une statue, en pied, de grandeur naturelle, il est souvent difficile de conserver au masque même toute sa valeur. M. Gérome y a réussi au moins pour les profils (les trous des yeux donnent, à la face, il nous semble, un peu trop de dureté). Ce n'est pas le moindre mérite de son œuvre, grave et émue, qui rappellera aux compatriotes de Paul Baudry, avec une franchise touchante, le travailleur simple et honnête qui resta toute sa vie à la fois l'admirateur enthousiaste de la beauté antique et l'interprète délicat de la beauté parisienne.

Le bronze en pied de l'*Amiral Mouchez*, pour un monument commémoratif de la défense du Havre, par M. Ernest Dubois, est exécuté dans un style simple et énergique ; il tiendra convenablement sa place dans l'ensemble dont il doit faire partie. Il est facile de reconnaître un amiral à son costume et un commandant à son geste. Comment exposer aux yeux la qualité et les mérites d'un médecin ? Beaucoup de sculpteurs l'ont déjà fait, soit en revêtant la figure du tablier d'hôpital, soit en l'armant d'instruments chirurgicaux, soit en lui posant un crâne dans la main, suivant sa spécialité. Nous devons croire que *le docteur Gérard*, dont la statue a été érigée à Beauvais, était suffisamment connu de ses compatriotes pour que le statuaire, M. Greber, n'ait pas eu à rappeler sa profession par un accessoire quelconque. Pour les ignorants, un homme encore jeune, en redingote, la tête nue, tenant d'une main son chapeau en même temps que son parapluie sur lequel il s'appuie en se dandinant, et agitant l'autre dans sa poche, ne représente qu'un promeneur arrêté, qui interroge ou qui répond, dialoguant sans façon avec des gens qui passent. L'expression est intelligente et sympathique, l'allure toute familière, on se sent en présence d'un aimable homme, probablement charitable et très populaire ; c'est cet homme-là sans doute que les Beauvaisins ont regretté en lui, autant que le professionnel. M. Greber, élève de l'Ecole des Arts Décoratifs, a traité cette figure démocratique avec une franchise et une aisance remarquables. M. Greber est d'ailleurs un artiste prêt à de plus hautes besognes, si l'on en juge par sa statue en marbre gris d'un mineur effaré par un *Coup de grisou* : l'effroi, dans le mouvement, est marqué sans visée mélodramatique, et les parties nues, les bras, le torse, le pied sont traités avec une ampleur et une force qui n'oublient point la précision.

Le sentimentalisme et l'affectation théâtrale ne sont pas d'ailleurs les dangers auxquels s'exposent volontiers nos sculpteurs, même les plus ambitieux, depuis qu'ils ont été édifiés par les excès de la pratique italienne, sur les pauvres résultats qu'on en tire. Dans les groupes ou stèles funéraires, par exemple qui se prêtent si bien aux conceptions élégiaques et tragiques, s'il y avait à blâmer, ce serait plutôt la pauvreté que l'emportement d'imagination. Là, comme ailleurs, on n'est que trop disposé à s'en tenir à une formule courante et à se dispenser de tout effort et de toute aventure. Sauf un groupe, de style volontairement simple et très familier, représentant une jeune femme assise, un livre à la main, avec un petit garçon auprès d'elle, par M. Barrias, presque tous les morceaux de sculpture, destinés à des tombeaux, sont exactement conçus dans la même donnée. C'est toujours une figure de femme, parfois réelle, le plus souvent allégorique, Douleur ou Muse, suivant le cas, qui s'assied, s'appuie, s'agenouille ou se prosterne devant la stèle. La stèle est parfois nue ; le plus souvent, elle porte un buste ; d'autres fois, lorsque le sculpteur a des goûts pittoresques, on y voit apparaître une tête ou une ombre. Notre tendre et regretté Chapu, qui, sur l'art de la sculpture funéraire, comme sur l'art du médaillon et de la médaille, exerça modestement une action féconde, a fourni, dans tous les genres, un certain nombre d'exemples qui sont restés comme des modèles. Par malheur, du modèle à la formule, il n'y a qu'un pas, et c'est ainsi que nous avons la formule Henri Regnault, la formule Daniel Stern, la formule Gustave Flaubert, la formule Tombeau de Dreux. On peut sans doute, avec du talent et de l'intelligence, se tirer toujours d'affaire et renouveler le thème le plus banal ; mais il y faut de la science et du goût, et, pour aller plus loin, une sensibilité personnelle.

M. Hippolyte Lefebvre, pensionnaire de Rome, possède toutes ces qualités. La figure en bas-relief, qu'il appelle la *Douleur* pour le tombeau de Mme Th. Barrois, est conçue et exécutée avec une hauteur de sentiment et une souplesse de style qui marquent une belle âme d'artiste et une bonne main d'ouvrier. La grande femme, haute et longue, bien prise pourtant, robuste, d'une beauté pleine et mure et par l'âge attendrie se tient debout sous ses longues draperies, presque de face, s'appuyant, en une attitude un peu penchée, sur la branche d'un saule dont la cime monte et s'épanouit derrière elle. La main droite posée tristement sur la poitrine, elle va laisser tomber de la gauche un bouquet de roses fanées dont quelques-unes, effeuillées, gisent déjà sur le sol. Impossible de se méprendre au sens de l'allégorie ; impossible encore de n'être pas ému par la majesté douce de l'attitude à la fois ferme et troublée, du geste désolé et résigné, de l'expression grave et très émue du visage pensif, qu'ombrage une coiffure d'épis. Moderne par l'intensité de l'émotion qui trouble sa marche et qui altère son visage, cette *Douleur* semble antique par la noblesse et par la dignité, et elle demeure antique, tout près d'être déesse, pas la souple beauté de son corps chastement visible, comme celle des Grecques, sous les fines plissures des tissus légers. Phidias autant que Michel-Ange a donné, au jeune sculpteur, des conseils dont il s'est souvenu et qu'il a suivis, sans servilisme, avec cette indépendance respectueuse qui fait d'abord les bons élèves et, plus tard, les bons maîtres.

M. Hippolyte Lefebvre ne s'en tient pas d'ailleurs à ce monument distingué. Comme presque tous ses camarades de la villa Médicis qui, cette année, soutiennent résolument l'honneur de la vieille et glorieuse maison, il s'affirme, mieux encore, au milieu de la nef, par sa grande statue en marbre du Christ traînant sa croix. L'ouvrage a pour titre *le Pardon*. M. Lefebvre, en effet, a voulu donner à sa conception une valeur plus haute même que celle d'un simple portement de croix. Le Christ, en longue tunique, épuisé et haletant, sous le poids effrayant de l'énorme charpente liée à son cou, a fait halte, un instant, sur la montée rocailleuse du Calvaire ! Il s'est affaissé, un genou en terre. A ce moment, sans doute, la foule, hostile ou amie, qui l'entoure, mêle des cris de haine à des cris de désespoir, des quolibets et des injures à des acclamations de pitié. Le Fils de l'homme, doucement, se retourne vers cette foule invisible, adorateurs ou blasphémateurs et, d'un geste calme, qui contraste avec la douleur physique empreinte sur son visage et sur tout son corps, il les bénit, il les bénit tous. Nulle exagération, nulle emphase dans ce geste, non plus que dans le jeu de la physionomie, le mouvement des draperies, l'accentuation des nus. Au premier coup d'œil, de loin, on peut trouver le groupe banal ; mais plus on le regarde, plus on s'en laisse pénétrer, plus on y trouve ce caractère grave et réfléchi dans l'exécution comme dans la conception qui constitue, en définitive, les œuvres durables et qui les distingue de celles qui attirent d'abord les yeux du passant par quelque étrangeté de mise en scène ou de pratique, mais dont l'imitation ou la répétition faciles deviennent vite une cause d'ennui ou de dégoût.

Parmi les étrangetés de pratique, déraisonnables et provocantes, que quelques sculpteurs de talent, mais avides de succès immédiats, ont mises à la mode, en ces dernières années, l'une des plus grossières, sans doute, est celle qui consiste à faire jaillir, d'un bloc à peine dégrossi ou même chargé à plaisir de rugosités, une tête ou un torse de marbre modelés avec une délicatesse particulière. Le contraste entre la mollesse attendrie des chairs fines et brillantes et la rudesse sauvage de la matière brute et inerte forme une de ces antithèses brutales qui sautent d'elles-mêmes aux yeux des plus ignorants et qui leur font volontiers pousser des oh ! et des ah ! d'admirateurs et de connaisseurs. Il a suffi que le truc réussît une fois pour qu'on crût qu'il dût toujours réussir. Nous éprouvons une véritable peine, nous le déclarons, à voir un artiste, savant et ingénieux, comme M. Puech, donner, si peu que ce soit, en de telles badauderies. C'est pourtant ce qu'il a fait dans son bas-relief pour le *Tombeau de Charles Chaplin*, conçu d'après la recette Chapu n° 3, la recette Flaubert. Une jeune nymphe, aux longs cheveux pendants, nue, vue de dos, palette et pinceaux dans la main, regarde, en une attitude attristée, la tête du peintre qui lui apparaît, à gauche, dans la hauteur. Cette figure, simple et délicate, est traitée, en un relief très doux, d'une saillie légère et presque fuyante dans les contours, avec cette élégance et cette sûreté dont l'auteur a déjà donné tant de preuves. Peut-être, au point de vue de l'expression spéciale, la trouvera-t-on pourtant mal déterminée, trop peu parisienne, pour un souvenir si parisien. Tenons-nous-en à l'exécution. Par quelle erreur de goût M. Puech a-t-il cru que cette figure, si finement modelée, s'enlevant sur les aspérités grisâtres d'un fond picoté et graveleux, deviendrait plus significative ? Quand on vise au pittoresque, dans la sculpture, ce qui n'est point interdit, quoique ce soit un danger, on doit, au moins, rester dans la logique pittoresque. Or la logique des yeux, si nous ne nous trompons, eût voulu deux choses dans le bas-relief de M. Puech : d'abord qu'un lien quelconque, soit architectural, soit sculptural, soit pittoresque, fût établi entre la figure d'en bas qui regarde et la tête d'en haut qui est regardée, entre la visionnaire et la vision ; en second lieu, que la tête apparue fût bien dans le rayon visuel de la spectatrice. Mais, cette intercalation de matière brute entre la femme qui s'y efface délicatement et le masque qui en émerge péniblement supprime toute transition, tandis que la saillie violente du médaillon, au-dessus de la saillie discrète de la figure, semble écarter toute vraisemblance d'une rencontre naturelle des yeux autant que d'une apparition poétique. Il n'y a aucune alliance préparée, ni ménagée entre cette nudité délicate et idéale, et cette tête d'artiste mondain, à gros favoris, si moderne et si réelle, qui sort, on ne sait comment, de cette matière chaotique. Les observations, très bourgeoises sans doute, que nous croyons devoir faire à propos d'un ouvrage applaudi, pourraient être renouvelées au sujet d'un assez grand nombre de travaux moins remarquables ; est-il aucune virtuosité cependant qui puisse dispenser le plus grand artiste, dans une œuvre quelconque, de la logique spéciale imposée par la matière qu'il emploie et par le sujet qu'il entend exprimer ? Dans la stèle de M. Desvergnes, une figure drapée de jeune femme, un peu grêle, prosternée sur le soubassement, voit aussi apparaître un profil d'enfant mort : l'apparition se produit sur un marbre poli, et n'en est pourtant pas mieux expliquée. On peut citer encore, parmi les bonnes figures tombales, une *Douleur chrétienne*, de M. Picard, pour un tombeau de famille, à Roanne, modelée et drapée dans un excellent sentiment. Le *Président de la République de Colombie*, Raphaël W. D. Nunez, étendu, sur son monument, la tête nue, en simple redingote, par M. Waldmann, de Genève, est une touchante effigie, caractérisée avec conscience, franchise et vigueur.

Quelques effigies historiques, destinées à des places publiques, y feront un bon effet. Une des meilleures nous a semblé la figure en bronze du *Général Beaupuy* par M. Rivet, de Périgueux. L'allure est décidée et martiale, énergique et contenue ; le sculpteur a tiré un excellent parti de tous les détails du costume, sans nuire au mouvement d'ensemble : il a disposé habilement ses accessoires. L'œuvre est bien soutenue d'un bout à l'autre, sérieuse et agréable ; c'est un exemple du bon parti que peut toujours tirer un bon artiste du sujet le plus rebattu. Nous avions déjà dit, en voyant le modèle, que M. Houssin avait préparé pour la ville de Douai un très aimable souvenir de la tendre et malheureuse *Marceline Desbordes-Valmore* ; le bronze, légèrement teinté, dans lequel le fondeur a fixé cette figure mélancolique, accentue encore l'attitude élégiaque de la jeune femme et lui donne tout son caractère romantique. M. Louis Noël a fait, pour la ville d'Arras, une bonne statue de l'*Abbé Halluin*. Nous ignorons quelle est la destination des deux marbres Henri Bas-nage, par M. Germain, et *Vauvenargues* par M. Daillion. L'érudit du XVIIe siècle et le gentilhomme-moraliste du XVIIIe sont tous deux en pied, l'un dans sa robe de pasteur, l'autre dans son habit brodé de marquis. Basnage tient un livre, Vauvenargues médite, accoudé sur un socle chantourné. La sculpture de M. Germain, timide et hésitante, ne rend qu'à moitié la virilité aiguisée du critique renommé qui accompagna son frère Jacques dans son exil en Hollande, et fut le continuateur de Bayle. Celle de M. Daillion, plus souple et plus habile, restitue, avec plus d'agrément, dans sa grâce et son affabilité, le militaire-diplomate et le philosophe optimiste, honneur de la Provence ; nous eussions désiré pourtant retrouver, sur cet aimable visage, des traces plus visibles d'une pensée qui, pour être consolante, n'en fut pas moins vivo et profonde, et de la souffrance intérieure, physique et morale, qui épuisa si vite et anéantit, à trente et un ans, ce corps élégant. L'esquisse de *Maître Adam Billaut*, pour son monument à Nevers, par M. Marquet, est vive et bien tournée. Le poète des *Chevilles* est naturellement représenté, à son établi, en costume de menuisier.

Les *Jeanne d'Arc* sont toujours nombreuses, la plupart sans avenir assuré, rêvées et modelées par plaisir, pour la joie personnelle et intime de vivre quelque temps avec une idée haute et pure de patriotisme et de dévouement. Comme les peintres du moyen âge et de la Renaissance faisaient toujours, au moins une fois dans leur vie, acte de foi à la Madone en la représentant avec son divin fils, de même, presque tous les artistes français semblent aujourd'hui penser, depuis nos malheurs, qu'ils n'ont point accompli tout leur devoir s'ils n'ont consacré un peu de leur temps à cette pure et sainte image. Ils y pensent partout, même loin de France, car c'est à Rome, sans doute, que M. Sicard a rêvé la sienne. Debout, marchant d'un pas décidé, la tête levée vers le ciel qu'elle consulte, elle s'apprête à tirer l'épée, neuve encore, du fourreau qu'elle tient de la main gauche. M. Sicard, Tourangeau, a-t-il pensé à la Jeanne tourangelle, qui, en traversant le pays, va chercher à Sainte-Catherine de Fierbois l'épée sainte et qui commande, pour cette épée, une belle gaine au plus célèbre orfèvre de Tours ? On le croirait et ce serait naturel. La figure est sérieuse et noble, un peu lourde ; on y voudrait plus d'enthousiasme et de jeunesse. M. Albert-Lefeuvre a rencontré Jeanne d'Arc, un peu plus tôt, à Vaucouleurs, ayant déjà passé, par-dessus son corsage de toile, la cuirasse que lui a donnée le sieur de Baudricourt. Demi-bergère, demi-guerrière, elle est encore inquiète et interroge le ciel ; l'attitude est bonne, l'exécution simple et ferme ; il est fâcheux que la tête, trop fortement renversée en arrière, ne présente, de face et même de profil, que des raccourcis compliqués qui en laissent mal saisir le caractère et la physionomie. C'est un inconvénient auquel le sculpteur, si habile, peut aisément remédier, puisque sa figure n'est qu'un projet.

Il n'est point surprenant que, dans presque toutes ces représentations, l'influence de M. Paul Dubois se fasse sentir, comme aussi celle de M. Frémiet, mais le chef-d'œuvre du premier étant plus récent que celui du second, son souvenir est plus frais, et, pour le visage notamment, c'est presque toujours le type finement rustique de M. Dubois qui reparaît. Il est ainsi chez M. Laforêt, auteur d'une Jeanne d'Arc à Reims, tenant dans ses bras l'étendard qui « ayant été à la peine, devait être à l'honneur ». Toutefois, cette réminiscence, très intelligemment appropriée, n'empêche point que la figure ne soit très distinguée et très personnelle. Jeanne se tient debout, très droite, les jambes serrées, dans une attitude d'immobilité militaire et respectueuse fort bien rendue, et la fermeté sobre de l'exécution dénote un artiste d'avenir.

C'est lorsque les sculpteurs n'ont pas en vue une application obligatoire de leur travail, lorsqu'ils se trouvent condamnés au morceau de bravoure, avec la seule idée, souvent déçue, d'obtenir une récompense éclatante au Salon ou de forcer les portes d'un musée, que leurs embarras d'imagination commencent et qu'ils se torturent l'esprit devant le bloc informe et docile, argile, pierre ou marbre :

Un bloc de marbre était si beau

Qu'un statuaire en fit l'emplette.

« Qu'en fera, dit-il, mon ciseau ?

Sera-t-il Dieu, table, ou cuvette ?

Il sera Dieu ; même je veux

Qu'il ait en sa main un tonnerre.

Tremblez, humains ! faites des vœux :

Voilà le maître de la terre. »

La curiosité légitime qui se porte actuellement, dans les deux Salons, vers la section des arts décoratifs, où le marbre est débité en statuettes, médaillons, petits reliefs et autres objets se rapprochant fort de la table ou de la cuvette nous fait croire que le sculpteur de La Fontaine, moins académiste aujourd'hui, ne repousserait pas si fièrement, pour son bloc, l'idée d'une application moins sublime. Néanmoins, cette fierté, chez un artiste, un jeune surtout, est naturelle et se comprend. Il en est des sculpteurs comme des peintres : tous ceux qui n'ont pas passé par le trouble des hautes ambitions ne sont guère, sauf de rares exceptions, capables de réaliser les petites. La preuve nous en est fournie ici même, dans cette section décorative, où les œuvres les plus curieusement délicates et raffinées portent les noms d'artistes expérimentés qu'on a vus depuis longtemps, dans la nef, s'exercer au maniement des grandes masses sculpturales. C'est parce qu'on a fait des dieux d'abord, que la table et la cuvette prennent ensuite, dans les mêmes mains, un reflet de grâce et de beauté divines.

Dieux du paganisme, dieux du christianisme, dieux de la nature et de la science, ce seront toujours, pour les artistes, tant qu'il y aura des artistes, de ces nobles et hautes visions qui les exalteront justement par l'attrait plastique, l'attendrissement religieux ou l'extase intellectuelle. De ces trois catégories de symboles qui s'appliquent à des besoins simultanés et presque aussi impérieux de l'esprit humain, besoins de beauté, d'amour, de vérité, les deux premières, déjà fournies, par une activité séculaire, de réalisations supérieures et définitives, ne fournissent plus guère, aux nouveaux venus, avec un fonds de traditions inoubliables, que des prétextes à variations plus ou moins personnelles et inattendues sur des thèmes connus ; la dernière seule présente une matière sinon intacte, au moins en grande partie inexplorée, qui peut tenter et qui tente, en effet, l'imagination des jeunes et des audacieux. Il est certain que beaucoup d'entre eux, les sculpteurs surtout, dont l'art est plus limité et contenu rigoureusement par les lois inflexibles de la matière employée, s'y égareront et s'y perdront ; on peut croire, pourtant, que leurs tentatives ne seront pas inutiles ; en tout cas, elles sont honorables et méritent l'estime. Il est toujours glorieux de monter vers l'empyrée, dût-on y fondre ses ailes trop fragiles.

Parmi ces audacieux, en quête de nouveautés, on a remarqué MM. Charpentier, Larche, Roussel, qui, tous les trois, ont tenté de nous rendre, par des créations plastiques, l'émotion éprouvée par l'homme devant certains phénomènes naturels : une *Étoile filante*, la *Tempête*, la *Mer*. Pour l'étoile filante, la difficulté, difficulté énorme, était de donner, par des figures mates, palpables et stables, l'idée d'un mouvement rapide dans un objet lumineux et insaisissable. Comment le sculpteur s'en est-il tiré ? Il ne s'en pas tiré, et, sans le secours du livret, on ne saurait vraiment à quel genre d'exercice se livre cette jolie femme, allongée sur un nuage, comme une nageuse, et filant, en effet, au-dessus d'une sorte de géant, gisant sur le sol, la tête dans ses mains, prosterné, terrassé, replié, qui représente sans doute la terre, la réalité, je ne sais quoi, épouvantée et vaincue par la fuite de l'idéal. Ce n'est point clair pour l'esprit, ce n'est point satisfaisant pour les yeux. En thèse générale, l'emploi en sculpture, dans une matière dure et opaque, de la nuée, de la vapeur, de l'air, de toutes les choses vagues, impalpables ou impondérables, est toujours, pour l'œil, un désagréable étonnement. Au XVIIe siècle et au XVIIIe siècle, après Bernin, on en a fort abusé pour les Ascensions, Assomptions, Apothéoses ; il a fallu toute l'habileté de quelques grands artistes, et surtout leur science accomplie et leur goût ingénieux pour faire accepter, dans certains cas, ces supports douteux, qu'ils traitaient, d'ailleurs, hardiment alors, comme des matières solides ; presque toujours, notamment en Italie, ce ne sont que des tours de force à éblouir les badauds, sans gravité et sans effet. L'étonnement qu'on éprouve devant la disposition bizarre et incompréhensible du groupe de M. Charpentier, et devant l'étrange silhouette qui lui donne, de loin, avec sa base étroite et son couronnement allongé, l'aspect d'une superposition d'objets mal équilibrés et prêts à choir, dispose mal à y reconnaître un talent d'exécution remarquable, de la beauté, de la vigueur, de la souplesse. Ce n'est pas la première fois que M. Charpentier compromet, en des aventures étranges, sa bonne renommée de sculpteur, et l'on peut regretter qu'il ne s'en tienne pas à des conceptions moins tourmentées où ses grandes qualités se développeraient plus naturellement.

M. Larche, qui ne possède point encore l'expérience technique de M. Charpentier et qui, jusqu'à présent, semblait mieux préparé par la nature à s'occuper de choses délicates et tendres, s'est senti tout d'un coup, dans ses voyages, enflammé des plus terribles ambitions. L'auteur, doux et charmant, de *la Source et le Ruisseau*, du *Jésus parmi les Docteurs*, troublé par Michel-Ange, Bernin, Bude, Carpeaux, tous les maîtres les plus emportés et les plus fougueux, nous offre, en des dimensions colossales, une allégorie de la *Tempête*. Comme dans le groupe de M. Charpentier, bien plus encore, les vapeurs mêlées aux vagues, y jouent un rôle, et c'est un rôle prépondérant. La disposition d'ailleurs est aussi hasardeuse, avec des ruptures d'équilibre plus offensantes encore. C'est avec peine que l'œil débrouille, dans la masse agitée et confuse du bas, quelques torses et bras de femmes enchevêtrés qui se confondent avec les brumes et les flots parmi lesquels le vent les roule. En haut, une grande femme échevelée et hurlante, une sorte de Renommée ou de Marseillaise, mais allongée, d'un vol horizontal, personnifie l'ouragan. C'est plus facile à comprendre que l'*Etoile filante*, mais c'est moins plastique encore. Aucune œuvre, au Salon, ne saurait mieux prouver les dangers qu'il y a pour un sculpteur à chercher le mouvement à outrance et le pittoresque quand même, surtout dans une œuvre de ronde bosse. La recherche du pittoresque dans un bas-relief, sur une surface plane qui joue le rôle du panneau pour une peinture, expose à de moindres mécomptes. On peut trouver cependant que M. Roussel, représentant la *Mer*, a voulu faire parler plus que de raison de très minces saillies, en les chargeant de rendre le mouvement des vagues qui engloutit des naufragés. C'est un peu le même effet que chez M. Larche, avec plus de discrétion pourtant. Entre ces deux victimes roulées par la lame, au-dessus d'un cadavre déjà attaqué par les crustacés, étendu, rigide, en bas, au fond de l'eau, se dresse, sur la cime des vagues, une Vénus Anadyomène personnifiant l'élément séduisant et perfide. Les diverses parties de cette composition sont traitées avec soin, habileté, et souvent très bien venues. A côté de ce très bas-relief, exécuté par plans successifs et très minces, comme les bas-reliefs de la Renaissance florentine, deux compagnons de M. Roussel à la villa Médicis, MM. Gasq et Octobre, nous montrent des exemples de reliefs plus décidés et plus énergiques, moins compliqués aussi, sinon aussi clairs et simples que des reliefs grecs. Nous avons déjà eu l'occasion d'apprécier, sur le modèle, les qualités de sentiment et de goût qui signalent la conception de l'*Héro et Léandre*, par M. Gasq. Le marbre a donné plus de charme encore, un charme grave et délicatement passionné, à cette heureuse composition. L'exécution en est ferme, très sûre et ressentie, et donnerait toute satisfaction aux yeux si quelques trouées, un peu trop marquées peut-être, dans le centre, n'y semaient, mal à propos, des taches d'ombre. M. Gasq joint à ce bas-relief un groupe en marbre de grande dimension, *Médée* tuant ses enfants, dont la disposition générale rappelle le célèbre tableau d'Eugène Delacroix, au musée de Lille, mais c'est là le seul rapport qu'il y ait entre eux. M. Gasq, avec raison, ne s'est point laissé aller au plaisir de lutter, pour l'agitation des formes et pour l'explosion dramatique de la passion furieuse dans une mère dénaturée et de l'effroi naïf dans les petites victimes, avec le plus coloriste des peintres romantiques. Il a regardé la même action en sculpteur tout imprégné d'art antique et de sentiment antique. Les parties nues de la Médée, les deux enfants nus ont semblé d'excellents morceaux, d'un style libre et fort autant que correct, et qui nous promettent un vrai sculpteur de plus. Il y a plus d'hésitation et moins d'expérience dans la pièce en très haut-relief de M. Octobre, *le Vice et la Vertu*. L'on y voit trois damnés, en bas, se débattant, avec des contorsions violentes, sous les pierres de leur sépulcre, tandis qu'une jeune femme, une élue, demi-nue, s'élance, plus haut, vers le ciel, emportée par un ange à grandes ailes. Presque toutes les figures, plus qu'en relief, se détachent complètement du fond et sont de véritables rondes bosses ; la composition révèle encore peu d'originalité, et la tête de l'ange, en particulier, qui pourrait être un portrait d'ecclésiastique, n'a point la noblesse idéale de l'emploi. On sent déjà néanmoins, dans la façon énergique de modeler les masses, une main décidée et robuste.

A côté du *Christ pardonnant*, de M. Hippolyte Lefebvre, on a remarqué un *Christ en croix*, très fermement modelé par M. Hannaux, pour l'église de Saint-Maximin, à Metz ; un *Christ au tombeau*, plâtre teinté, par M. Becquet, touchante effigie, émaciée et endolorie, énergiquement détaillée avec la conscience grave d'un imagier du moyen âge ; et un *Christ descendu de la croix*, porté par Joseph d'Arimathie, de M. Idrac. L'allongement des formes, l'accentuation des musculatures, la recherche d'une expression intense montrent, dans ce dernier ouvrage, l'étude des sculpteurs du moyen âge jointe à l'étude de Michel-Ange. Pour laisser se développer librement le mouvement assez heureux, mais violent, du porteur de cadavre, M. Idrac a dû couper la croix, dont le Christ est descendu, à la hauteur d'un mètre. Cette invraisemblance gêne quelque peu pour l'intelligence de l'action. Le groupe colossal de la Vierge, présentant l'enfant Jésus nouveau-né aux fidèles, le *Noël*, par M. Luca Madrassi, qui rappelle une figure du regretté Delaplanche, est destiné à la cathédrale de Philadelphie ; c'est un marbre bien travaillé et d'un style correct.

Les deux ouvrages importants qui ont valu à M. Gustave Michel la médaille d'honneur, dans leur forme définitive, la statue de la *Pensée* et le groupe de l'*Aveugle et le Paralytique* sont connus depuis quelques années. Nous en avons, ici même, fait l'analyse et l'éloge. Ce qui caractérise le talent, distingué et discret, de M. Gustave Michel c'est une façon, très simplement naturelle et personnelle, d'animer ses figures, sans affectation, d'une sensibilité assez moderne et sympathique au public. La *Pensée*, en riches habits, assise, dans un vaste siège, au milieu d'instruments de toute sorte, dans un milieu un peu compliqué, paraît représenter d'abord, sous cet aspect, notre dilettantisme encombré et porté à l'étalage ; mais si l'on examine la tête noble, franche, pensive, d'un type tout français, on reconnaît que le sculpteur s'est élevé à une conception plus haute en imprimant sur le visage la clarté et la décision qui dirigent l'intelligence et la raison à travers le pêle-mêle de la science et de l'érudition. Les ajustements et les accessoires font penser à la Renaissance, mais le visage est de notre temps. Le groupe de *l'Aveugle et le Paralytique* rentre plus franchement dans une tradition purement française ; et nous reporte aux compositions naïves de nos imagiers populaires du moyen âge, par la justesse sincère de l'action et la simple franchise des expressions. L'habileté du sculpteur, formé par les plus sérieuses études, fait valoir par la correction des formes et la sûreté de l'exécution, ces vieilles qualités nationales.

M. Gustave Michel, pour mieux attester sa filiation, a sculpté son groupe, non dans le marbre des Grecs et des Romains, mais dans la bonne pierre française, si franche et si grave, et, comme ses ancêtres aussi, il a cru devoir vivifier encore ses deux personnages, en les coloriant légèrement. La polychromie appliquée à la pierre qui l'absorbe plus aisément que le marbre semble y pouvoir prendre, en effet, un caractère différent. La polychromie des Grecs, appliquée aux surfaces lisses et brillantes du marbre, paraît avoir été, le plus souvent, une polychromie conventionnelle et idéale, ayant pour double but de tempérer, sous une vive lumière, les éclats aveuglants d'une matière éblouissante, et d'accentuer, par des rehauts habilement placés, sur les points importants ou les lignes décisives, l'attitude, le geste, l'expression, la signification plastique, architecturale, morale des figures. La polychromie du moyen âge, plus naïve et plus simple, s'appliquant à la pierre et au bois, semble s'être proposé, au contraire, presque toujours, en protégeant des matières plus fragiles contre les atteintes d'un climat changeant, de donner aux images ouvrées l'aspect même de réalités vivantes, en exagérant, plutôt qu'en les atténuant, les violences du coloris naturel. Ce dernier système, poussé à bout, a, par malheur, pour conséquence, d'empâter et d'envelopper les formes, et de supprimer cette sensibilité des surfaces, carnations et tissus qui est l'une des plus grandes difficultés de l'art et l'une des plus grandes séductions de la statuaire. M. Gustave Michel, à la fois tenté et effrayé, a cherché un moyen terme. Le coloriage de sa statue est complet et suivant les données de la réalité, mais fortement atténué et abaissé, d'une tonalité indécise et grisâtre qui laisse une impression confuse et triste. Je ne sais si, dans ces conditions, il n'eût pas mieux valu laissera la pierre, surtout pour une œuvre de musée, sans rôle architectural, la franchise de son langage naturel, si ferme et si clair, et dont le ton d'ailleurs se calmerait et se renforcerait assez vite par l'action du temps. En tout cas, l'essai est intéressant et se joint utilement à ceux qui sont faits, en ce moment, de tous côtés, par nos sculpteurs curieux et chercheurs, pour appliquer la polychromie, soit par les matières naturelles, soit par les matières artificielles, à la sculpture et à tous les arts ou industries qui en relèvent. Les deux Salons, à cet égard, offrent un assez grand nombre d'objets divers dans lesquels ce problème est étudié, sous ses mille aspects, avec ingéniosité et succès, et qui pourraient fournir les éléments d'une étude spéciale. Autour des œuvres de M. Gustave Michel, s'en rangent beaucoup d'autres dans lesquelles le sentiment moderne s'allie de même heureusement au respect libre et réfléchi des traditions antiques et françaises, et qui s'adressent directement à notre sympathie pour la représentation sincère et émue des joies ou des douleurs habituelles et communes à toute l'humanité. La tendresse maternelle s'exprime, avec la simplicité et la tranquillité classiques, dans le groupe d'une jeune femme, en tunique flottante, assise, guidant les *Premiers pas* de son petit garçon, tout nu, par M. Marqueste ; avec une effusion et une tendresse plus modernes dans le charmant modèle de M. Pech, un enfant montant sur les genoux de sa mère et l'embrassant à pleins bras pour lui conter *Un grand secret* ; les deux figures sont nues, un peu indécises encore, mais d'un mouvement souple et juste. L'amour chaste des adolescents, les doux entretiens des jeunes amans, assis l'un près de l'autre, devant le soleil ou sous les étoiles, ont trouvé leurs chantres dans MM. Laporte-Blaizy, l'auteur d'*Heureux*, et M. Mancel, l'auteur de *Vers l'amour*. On ne saurait dire que ces deux plâtres soient de tous points, satisfaisants, mais les attitudes y sont heureuses et le sentiment en est délicat. Parmi les figures expressives, dans une donnée plus classique, on ne saurait oublier l'excellent marbre de M. Mengues, *Caïn et Abel*. Les deux figures y semblent trop peu reliées entre elles, mais chacune, prise séparément, l'Abel surtout, étendu à terre, est un morceau d'une exécution remarquable pour la sûreté et la franchise du coup de ciseau. La *Désespérance*, par M. Captier, est une conception puissante et remarquablement expressive où l'auteur a heureusement assoupli sa manière parfois rude sans perdre ce sentiment de grandeur qu'il a toujours poursuivi. Nous devons citer encore le groupe d'amans enlacés, *Dans les nuages*, par M. Roger-Bloche, modèle un peu vaporeux que le ciseau pourra préciser, le charmant *Volubilis* de M. Alfred Boucher, la *Bacchante* de Mlle Ytasse, le *Retour* de M. Seysses, *Vers l'idéal*, de M. Miquel, la *Flore* de M. Mathel, l'*Élégie* de M. Marioton, la *Daphné* de M. Dercheu, l'*Erigone* de M. Debienne, la *Désolation*, de M. de Gaspary, le *Châtiment*, de M. Henri Vidal, le *Semeur de mondes*, de M. Ségoffin, la *Désolation* de M. Rossello, le *Job* de M. Desruelles, etc. Nous serions tout à fait coupables si nous ne parlions pas de l'ouvrage qui, avec la *Danseuse* de M. Falguière, a, durant tout le Salon, attiré le plus les regards, les *Panthères*, par M. Georges Gardet. C'est un groupe polychrome, mais de polychromie naturelle, taillé dans un marbre jaunâtre, taché de veines grises, qui semble avoir été produit par la carrière pour être transformé en fauves. M. Gardet a tiré parti en artiste de ce bloc que son œil d'artiste lui avait fait si judicieusement choisir. Les deux panthères, dressées sur leurs trains d'arrière, s'enlacent et se mordent, avec une fureur puissante et une superbe souplesse qui rappellent le libre et robuste génie du plus grand des animaliers, de Barye ; cette fois l'admiration du public s'est trouvée conforme à l'admiration des artistes.

La section de sculpture, au Salon du Champ-de-Mars, est toujours bien moins fréquentée et beaucoup plus mal peuplée que la section de peinture. On y trouverait peu d'intérêt cette année, si l'on n'y avait adjoint une exposition collective des œuvres de M. Jules Desbois, dans la salle même où se voyait, l'an dernier, l'exposition posthume des œuvres de Jean Carriès. M. Jules Desbois, heureusement, est vivant et bien vivant, comme le prouve la variété de ses travaux dans lesquels se manifeste une virtuosité hardie et savante et qui s'est depuis longtemps préparée aux ambitions les plus diverses. Trois œuvres de grande dimension, l'une en marbre, l'autre en bronze, l'autre en bois, affirment d'abord la volonté du sculpteur de soumettre à ses fantaisies les trois matières les plus glorieuses que la nature offre aux ouvriers plastiques. Le marbre est une *Léda*, nue, assise, embrassant le cygne, qu'elle enveloppe de tout son corps en penchant sur lui la tête, par un mouvement ramassé d'une singulière hardiesse. Le sculpteur a sauvé les périls de cet embrassement passionné par la tranquillité continue d'une exécution correcte et savante. La témérité de la pose est romantique, la façon de l'exécuter est classique. Au reste, M. Dubois qui semble, d'après ses œuvres, un praticien expérimenté, très maître de lui, sachant ce qu'il veut, plutôt qu'un novateur passionné et imprudent, montre sous un autre aspect, cette habileté de pratique raisonnée dans les morceaux voisins. Le bronze (*l'Homme et la Mort*) et le bois (*la Misère*) témoignent d'une recherche de réalisme à outrance, violent et brutal, qui ne paraît point exempte d'une certaine affectation, ou, tout au moins, d'un parti pris très exclusif : ce sont les antithèses criantes de la Léda. Le groupe de la Mort rappelle par sa disposition (un vieillard assis repoussant du geste la Mort qui vient le prendre) un certain nombre de tableaux de la *Mort et du Bûcheron*, mais le sculpteur a détaillé et accentué, avec une dureté impitoyable, la décrépitude du vieillard et surtout la hideur du fantôme décharné et de sa face de squelette, camarde et ironique. C'est avec une insistance plus cruelle encore qu'il a émacié, ridé, déchiqueté les chairs flasques et meurtries de l'horrible vieille édentée, en haillons effiloqués, qui représente la *Misère*. La couleur jaunâtre et terreuse du bois que le sculpteur taille avec une dextérité rare, s'ajoute à l'horrible maigreur de la figure pour attrister et repousser l'œil. Nous ne voyons guère, à vrai dire, en quoi ces morceaux bravement exécutés, mais d'une bravoure provocante, ajoutent rien de nouveau aux conquêtes de l'art moderne et ce qu'ils expriment de particulièrement personnel. C'est peut-être encore du côté des interprétations décoratives que M. Jules Dubois, jusqu'à présent plus arrangeur qu'inventeur, tournerait avec le plus de profit ses multiples aptitudes et sa grande habileté, ainsi qu'on en peut juger par les objets usuels dont il accompagne ses grands ouvrages, ses ustensiles et ses vaisselles d'étain, dans lesquels il mêle agréablement les formes humaines à des formes décoratives, parfois bizarres, mais souvent ingénieuses et nouvelles.

Les deux monuments publics qu'on regarde au Champ-de-Mars, celui de *Molière*, pour la ville de Pézenas, par M. Injalbert, et celui de *Balzac*, par M. Marquet de Vasselot, n'y sont pas heureusement conçus. Pour Molière, c'est l'éternel buste, posé sur une gaine, vers lequel se dresse une figure symbolisant le génie de l'écrivain.

La Musc est ici une forte soubrette, un peu épaisse, largement décolletée, méridionale et bruyante, qui, le poing droit sur la hanche, lève, de la main gauche, un bouquet sous le nez du grand homme. La figure, alerte et joviale, est exécutée avec l'entrain que sait mettre M. Injalbert en ces vives besognes ; c'est une Dorine de province, mais c'est une Dorine, et cela va encore. Mais que dire de la figure parallèle, de l'affreux Satyre, assis, croisant ses jambes de bouc, de l'autre côté du socle, et ricanant, d'un gros rire sardonique et lubrique, dans sa face camuse et mûre ? L'exécution est vigoureuse, hardie, irréprochable, si l'on veut. Est-ce là pourtant une représentation suffisante et satisfaisante du génie de Molière, de ce génie sain, élevé, bienveillant, bienfaisant, d'une moralité si haute et si ferme, malgré toute sa liberté de langage qui était alors celle de tous les honnêtes gens ? Pour les habitants de Pézenas qui n'auront pas beaucoup lu Molière, cet incomparable génie leur apparaîtra donc brutalement comme un simple et joyeux farceur, comme un satirique libertin et salé, qui ne dédaigne pas les hommages des maritornes. Ce n'est point assez. Quant à notre Balzac, M. Marquet de Vasselot a eu la singulière idée de le métamorphoser en sphinx. On peut juger de l'effet que produit cette épaisse et forte tête de Tourangeau chevelu sur le corps d'un lion ailé. L'idée est plus littéraire que plastique. Les statues les plus intéressantes du Champ-de-Mars, les plus vraiment modernes, nous ont paru, en définitive, avec le groupe déjà connu de la *Femme endormant son enfant* par M. Camille Lefèvre, les études de M. Fagel, son *Greffeur* et sa *Chanteuse aux étoiles*, auxquels il faut joindre plusieurs morceaux importants dus à des artistes belges et vigoureusement traités, *Ulenspiegel* et *Nèle*, de M. Charles Samuel, groupe destiné au monument de Charles de Coster à Bruxelles, et la *Lutte* de M. Lambeaux.

Dans les deux Salons, aux Champs-Elysées, les bustes exacts, vivants, en des matières diverses, sont très nombreux, et nous ne saurions les énumérer d'une façon complète, même en nous en tenant aux plus réussis et aux plus intéressants. Les plus regardés à juste titre ont été, d'une part, le buste en argent de M. *Dagnan* par M. Dampt, et, d'autre part, celui du *marquis de Salisbury*, par M. Bruce-Joy, un manieur de bronze singulièrement habile et pénétrant ; celui de *M. Albert Gaudry*, par M. Barrias ; celui de *M. Félix Faure*, par M. Lanson ; de *M. Casimir-Perier*, par M. Alfred Boucher ; du *Docteur Glénard*, par M. Suchetet, et de *M. Bonnet*, avocat général, par M. Pallez ; de *M. Aube*, statuaire, par Mlle Gerderès ; de *M. Sully Prudhomme*, par M. Marochetti, et ceux qui portent les signatures de MM. Verlet, Labatut, Boutry, Begneux, Baralis, Laforet, Houssin, Hercule, Ducrot, Drouot, Leroux, Bernstamm, Patry, Rivet, etc.. Un buste de *Grand'Mère* par M. Sabatté doit nous rappeler que ce jeune artiste, élève de M. Gustave Moreau, est l'auteur, dans la section de peinture, de deux études excellentes qui ont mis son nom en lumière, une tête de vieille femme, analysée, modelée, peinte avec une vigueur juste et délicate, et une vieille dame assise, *Auprès du feu*. M. Sabatté n'est pas le seul, dans la nouvelle génération, qui aborde ainsi simultanément l'étude de la peinture et de la sculpture, deux arts qui se complètent l'un par l'autre ; ce retour spontané, chez beaucoup de jeunes gens cultivés et curieux, vers le juste sentiment de l'unité dans l'art est une des tendances actuelles qui nous font, malgré tout, bien augurer de l'avenir.

ISBN : 978-1981202324